ESSAI

SUR

LA COMMUNAUTÉ

ENTRE

LE MARI ET LA FEMME.

Par Me. LEBOU, *Licencié en Droit de l'Université d'Orléans.*

A ORLEANS,

De l'Imprimerie de L. F. COURET DE VILLENEUVE, Imprimeur du Roy, de Monſeig. l'Evêque, & de l'Univerſité.

M. DCC. XLVI.

ESSAI SUR LA COMMUNAUTÉ ENTRE LE MARI ET LA FEMME.

CHAPITRE PRELIMINAIRE.

LA Communauté qui eſt dans nos mœurs une des conditions ordinaires du mariage, eſt une ſociété de biens que contractent deux perſonnes qui ſe marient enſemble.

Il n'eſt pas néceſſaire que l'on convienne expreſſément de cette ſociété, quand elle eſt établie par la diſpoſition de la Coûtume; la Loi étant la commune convention (*a*) des Citoyens, on préſume toujours que les parties ſont convenues de ce qui eſt en uſage dans le lieu de leur domicile.

Mais comme la Communauté a lieu dans ce cas plû-tôt en vertu d'une convention tacite (*b*) que la Coûtume préſume entre l'homme & la femme, qu'en

(a) *L.* 1. §. 20. *Dig de Æd. Ed. l.* 34. *de reg. jur.*
(b) *Lebrun, de la Com. liv.* 1. *ch.* 2. *n.* 26.

vertu de la diſpoſition de la Loi *principaliter* (*a*) *immediatè & per ſe* ; il s'en ſuit qu'elle doit s'étendre à tous les biens que poſſedent les conjoins en quelque pays qu'ils ſoient ſitués.

Parmi les Coûtumes qui admettent la Communauté de plein droit, il y en a qui veulent qu'elle ne commence (*b*) qu'après l'an & jour, à compter du jour des noces. Il y en a d'autres où elle a tout ſon effet (*c*) dès-l'inſtant de la bénédiction nuptiale.

Quoique la Coûtume forme d'elle-même une ſociété de biens entre le mari & la femme, on peut néanmoins convenir (*d*) qu'il n'y en aura pas; de même qu'il eſt permis de ſtipuler qu'il y aura Communauté dans les Coûtumes qui n'en parlent point. Cette derniere clauſe eſt d'un fréquent uſage dans les pays de Droit écrit, mais elle n'a aucun effet dans les Coûtumes (*e*) qui défendent expreſſément la ſtipulation de Communauté

Quelque clauſe qu'il y ait dans un contrat de mariage au ſujet de la Communauté, il n'eſt plus permis d'y rien changer (*f*) par des actes ſéparez, à moins que ces actes ne ſoient ſouſcrits par les parens qui ont aſſiſté au contrat. Les contrats de mariage étant des loix que deux familles qui veulent s'unir enſemble, s'impoſent volontairement, on a cru qu'on ne devoit permettre d'y déroger par des contrelettres, que du conſentement de tous ceux qui y ont interêt. Cela étoit d'autant plus juſte qu'il arriveroit ſouvent que le plus intéreſſé des deux conjoins profiteroit de l'empreſſement & de la paſſion de l'autre, pour ſe procurer tous les avantages que la fantaiſie & la cupidité pourroient lui faire ſouhaiter.

Mais lorſque le mariage a été une fois célébré ſous la foy des conditions énoncées dans un contrat de mariage, les conjoins ne peuvent plus, de concert même avec leurs parens, y donner atteinte, ſoit directement (*g*) ſoit indirectement. Nos Légiſlateurs ont regardé tous les avantages qu'ils pouroient alors ſe faire, comme contraires à la paix & à l'union du mariage, à l'honnêteté qui doit regner entre l'homme & la femme, enfin à l'utilité publique qui tend toujours à la conſervation des biens dans les familles.

Il en eſt de même, quand il n'y a point eu de contrat par écrit. Il faut toujours ſuivre celui que la Coûtume du domicile des conjoins a fait à leur défaut ; car ce contrat tacite eſt auſſi inaltérable qu'un contrat exprès.

Afin de mettre plus d'ordre dans ce Traité, nous le diviſerons en cinq Chapitres. Dans le premier, nous parlerons de ce qui compoſe la Communauté ; nous expliquerons dans le ſecond les différentes conventions qu'on employe dans la plûpart des contrats de mariage, & qui donnent plus ou

(a) *Dumoulin.* (b) *Bretagne* 424. *Anjou* 511. *Maine* 508.
(c) *Paris* 220. *Orleans* 194.
(d) *Ricard, ſur Paris art.* 220. *Loüet. & Brod. lett. c. ch.* 16.
(e) *Normandie* 330.
(f) *Paris* 258. *Orleans* 223. *Loüet & Brod. lett. c. ch.* 28.
(g) *Loüet & Brod. lett. M. ch.* 4.

moins d'étendue à la Communauté ; dans le troisiéme nous passerons au pouvoir du mari sur les effets de la Communauté, sur les biens dotaux & sur la personne de sa femme ; nous verrons dans le quatriéme comment la Communauté se dissout ; enfin après avoir traité du droit que la femme ou ses héritiers ont de renoncer à la Communauté, nous examinerons dans le cinquiéme, comment se fait le partage des biens & des dettes de la Communauté.

CHAPITRE PREMIER.

De ce qui entre dans la Communauté.

SUivant le droit commun & général des Coûtumes, (*a*) la Communauté est composée de tous les biens meubles du mari & de la femme, soit qu'ils les possedassent avant leur mariage, soit qu'ils les acquierent depuis à quelque titre que ce soit. Elle est aussi composée de tous les immeubles acquis pendant le mariage, que les Coûtumes apellent conquêts immeubles; & par une suite naturelle les dettes mobiliaires que les conjoins avoient contractées avant de se marier, & toutes celles qu'ils contractent pendant le cours de leur mariage, soit mobiliaires, soit immobiliaires tombent dans la Communauté : c'est ce qu'il faut expliquer dans les Sections suivantes.

SECTION I.

PUisque la nature des meubles de quelque espéce qu'ils soient, & en quelques pays qu'ils se trouvent, est de se confondre dans la Communauté ; il est facile d'en conclure 1°. que les actions (*b*) qui ont pour objet quelque chose de mobilier, suivant la regle, *actio ad mobile est mobilis*, tombent dans la Communauté.

2°. Les fruits qui se perçoivent sur les héritages propres des conjoins, doivent entrer dans la Communauté, puisqu'ils deviennent meubles par la perception qui s'en fait.

3°. Les fermes (*c*) qui tiennent lieu de fruits, font aussi partie de la Communauté; au reste, il n'est pas nécessaire pour qu'elles soient reputées biens meubles, que le terme du payement soit échu pendant le mariage ; il suffit

(a) *Paris 220. Orleans 186.*
(b) *Lebrun, de la Com. liv. 1. ch. 5. Sect. 2. n. 3.*
(c) *Orleans 207.*

que les fruits dont elles sont le prix, ayent été cueillis avant la dissolution de la Communauté.

4°. A l'égard des loyers de maisons & des arrerages de rentes foncières, comme ils se comptent de jour à jour, tout ce qui en est dû à l'un ou à l'autre des conjoins apartient à la Communauté, tant qu'elle dure. La Coûtume d'Orleans (*a*) semble dire le contraire; mais elle n'est pas suivie en ce point même à Orleans.

5°. Les Coûtumes varient au sujet des rentes constituées. La Coûtume de Reims (*b*) & quelques autres Coûtumes les regardent comme meubles, & les font entrer dans la Communauté, parce qu'elles ont pour objet une somme d'argent. Mais comme elles produisent un revenu successif & perpetuel, & qu'elles imitent en cela la nature des rentes foncières; la Coûtume de Paris (*c*) & autres semblables, les mettent au rang des immeubles: dans ces Coûtumes, les rentes constituées sont propres de Communauté. Il en est de même des rentes viagéres qui produisent un revenu successif & indéfini.

Dans cette variété de Coûtumes, lorsqu'il s'agit de sçavoir si une rente constituée est meuble ou immeuble, il suffit d'observer que la rente étant un droit qui réside en la personne du créancier, c'est par la Coûtume (*d*) où le créancier est domicilié, que la question doit se décider. Ainsi la rente due à un Champenois est meuble, quoiqu'elle soit assignée spécialement sur des biens situés à Paris.

On ne doit point suivre cette regle pour les rentes constituées (*e*) sur les Hôtels de Ville, sur le Clergé & autres de cette nature, pour le payement desquelles il y a un Bureau établi; car ces rentes se régissent par la Coûtume de l'endroit où les Bureaux sont établis.

SECTION II.

Des Conquêts immeubles.

LES Conquêts immeubles sont tous les héritages & les droits réels que les conjoins acquiérent pendant le mariage, soit à titre onéreux, soit à titre lucratif, pourvû que ce titre soit postérieur à la bénédiction nuptiale. Il en faut cependant excepter les biens (*f*) qui sont donnés ou legués à

(a) *Nouv. Not. sur Orleans*, 207. *n.* 3.

(b) *Reims*, 78. *Troyes*, 66. *Vitri*, 131. (c) *Paris*, 94. *Orl.* 191.

(d) *Leb. liv.* 1. *ch.* 5. *Sect.* 1. *dist.* 4. *n.* 32. *& suiv.*

(e) *Loysel*, *tit. des Rent. regl.* 3. *Loüet & Brod. lett. R. ch.* 31. *Leprestre*, *cent.* 1. *ch.* 79. *Journal des Aud. t.* 1. *liv.* 1. *ch.* 55.

(f) *Paris*, 246. *Orleans*, 211.

l'un des conjoins à la charge de lui demeurer propres; car les donateurs sont les maîtres d'imposer à leurs liberalites les conditions qu'il leur plaît.

De nôtre définition on peut voir aisément quels sont les immeubles qui n'entrent pas dans la Communauté, & que l'on apelle propres de Communauté.

Ce Sont. 1°. Les immeubles que les conjoins possedoient (*a*) avant leur mariage.

2°. Les immeubles qu'on acquiert pendant le mariage, en vertu d'un droit (*b*) antérieur à la bénédiction nuptiale, sont aussi propres de Communauté; parce que ces acquisitions sont les suites d'un droit qui n'est point entré dans la Communauté.

3°. Le titre de succession ne faisant point des acquêts, il s'en suit qu'on doit regarder comme propres de Communauté les immeubles que la Loy défére aux conjoins à titre de succession.

Comme les immeubles donnés ou legués (*c*) à l'un des conjoins par ses pere & mere, sont censés acquis en avancement de succession, ou pour en tenir lieu, ils ne tombent point dans la Communauté. C'est une conséquence naturelle de nôtre principe. On doit dire la même chose des héritages retirés pendant le mariage, par un conjoint lignager; car la Loy par le retrait qu'elle en accorde a en vue de les conserver à la famille du retrayant.

Il y a néanmoins cela de particulier qu'il est dû en ce cas récompense à l'autre conjoint, & que faute par le lignager (*d*) de payer cette récompense dans le tems fatal, l'héritage est partagé comme conquêt.

4°. Il faut mettre au rang des propres de Communauté les immeubles que le mari ou la femme reçoivent en contre-échange (*e*) d'un de leurs propres; parce que ces immeubles conservent la nature de celui auquel ils sont subrogés de plein droit, suivant la regle, *subrogatum sapit naturam subrogati.* Il en est de même des héritages que l'un des conjoins acquiert pendant le mariage des deniers provenans de l'aliénation d'un de ses propres lorsqu'on a pris la précaution (*f*) d'insérer dans le contrat d'acquisition, une clause de subrogation de propre, & qu'elle a été consentie par les deux conjoins.

5°. Enfin les augmentations que font le mari & la femme sur leurs propres, (& qui sont sujettes aux récompenses, comme nous le verrons dans la suite) suivent la nature de la chose principale, lorsqu'elles ne peuvent point en être séparées ni distinguées sans la détériorer. C'est le cas de la regle, *accessorium sequitur naturam rei principalis*: mais il en est autrement, lorsque ces augmentations ne sont unies à la chose principale, que

(a) *Paris*, 220. *Orleans*, 186.
(b) *V. Lebrun, de la Com. liv.* 1. *ch.* 5. *Sect.* 3. *n.* 1. *& suiv. jusqu'au n.* 18. *Renusson de la Com.* 1. *part. ch.* 3. *n.* 50. *& suiv.*
(c) *Paris* 246. *Orleans*, 210. *&* 211.
(d) *Paris*, 139. *Orl.* 185. (e) *Paris*, 143. *Orl.* 385.
(f) *Leb. liv.* 3. *ch.* 2. *Sect.* 1. *Dist.* 2. *n.* 69. *& suiv.*

par une union civile, ou de simple destination. Ainsi les héritages qu'un mari acquiert dans sa mouvance censuelle, ou dans le voisinage d'un de ses propres, apartiennent à la Communauté.

Il peut arriver que les conjoins rentrent dans les propres qu'ils avoient aliénés avant le mariage. C'est une suite des principes que nous avons établis, qu'ils reprennent la qualité de propres; 1°. Lorsque le titre d'aliénation est vicieux, & que les conjoins (*a*) rentrent dans leurs propres, en vertu de lettres de rescision; secondement, lorsqu'ils y rentrent en vertu d'une condition inhérente au contrat de l'aliénation, soit qu'elle y soit exprimée, comme dans le cas du remeré, soit qu'elle ne soit que tacite ou présumée par la Loy, comme dans le cas d'une donation révoquée par la survenance d'enfans au donateur.

Lorsque l'acheteur qui n'avoit pas encore entiérement payé le prix de son acquisition, se déporte de son achat, l'héritage redevient aussi propre au vendeur; parce qu'on juge que c'est moins alors un nouveau contrat, qu'un pur résiliment de celui qui n'avoit pas été pleinement accompli.

Au contraire les héritages propres dans lesquels on rentre pendant le mariage, sont conquêts. 1°. Quand on y rentre, en vertu d'un nouveau titre d'acquisition, quoique le conjoint eut, dés-avant le mariage le droit d'acquérir ces héritages préférablement à tout autre, lorsqu'on voudroit les vendre, ainsi qu'il arrive dans le cas du droit de refus. 2°. Quand ces biens sont adjugez aux conjoins, par forme de dommages & interêts, comme dans le cas de la donation qui vient à être révoquée par l'ingratitude du donataire. Il en est de même du fief devolu au Seigneur, pour cause de félonnie ou de désaveu. Cette Jurisprudence est certaine; quoiqu'il paroisse que le Seigneur ne rentre alors dans le fief confisqué que par la résolution du droit du Vassal, que produit l'inexécution des devoirs qui lui étoient imposés en qualité de Vassal.

Quand on ignore si un héritage est propre ou conquêt, on présume, dans le doute (*b*) qu'il apartient à la Communauté. Cette présomption paroît fondée sur la qualité même des biens qui ne deviennent propres qu'après avoir été acquêts. C'est à celui des conjoins, ou de leurs héritiers qui a interêt que des immeubles soient propres, à prouver qu'ils le sont effectivement.

Il faut observer qu'il y a certaines choses qui n'entrent point dans la Communauté, quoiqu'elles soient véritablement acquises pendant le mariage. Telles sont toutes les choses qui de leur nature ne peuvent se communiquer, comme la libération d'une rente ou d'une servitude que devoit l'un des conjoins, & qu'un tiers a libéralement acquittée, ou que le créancier lui même a remise.

(a) *Nouv. Not. sur Orl. art.* 186. *n.* 5.

(b) *Loysel, liv.* 2. *t.* 1. *R.* 14. *Renusson, des propres, ch.* 1. *Sect.* 4. *&* 13. *Lebrun, des Success. l.* 2. *ch.* 1. *n.* 2.

Les Offices de Judicature & de Finance ont cela de particulier, que, quoiqu'ils soient conquêts, le mari est en droit (*a*) de les retenir, s'il le veut, en payant la moitié du prix qu'ils ont coûté à la Communauté. Cet usage est fondé sur la bienséance qui ne permet pas de dépoüiller un Officier de son Office.

On n'a pas jugé devoir étendre cette faveur aux Offices domaniaux (*b*), comme les Greffes, qui peuvent être possedés par des femmes & par des mineurs en commettant quelqu'un à l'exercice.

SECTION III.

Des dettes de la Communauté.

LA Communauté étant composée des effets mobiliers & des conquêts immeubles, les dettes mobiliaires que les conjoins peuvent avoir contractées avant que de se marier, & toutes celles que le mari ou la femme avec l'autorisation du mari, contractent pendant le mariage, soit mobiliaires, soit immobiliaires, doivent être acquittées des deniers de la Communauté. Si la Jurisprudence des Arrêts (*c*) en excepte celles que l'un des conjoins doit pour l'achât d'un héritage qu'il possedoit lors du mariage, c'est parce qu'on a cru qu'il n'étoit pas juste que la Communauté payât le prix d'un immeuble dont elle ne profite point.

Dans la Coûtume de Paris & la plûpart des autres Coûtumes où les rentes perpetuelles sont réputées immobiliaires; il résulte de la regle précédente que la Communauté ne peut être tenue de ces rentes, que pour les arrerages (*d*) qui en étoient dûs avant le mariage, & pour ceux qui sont échus depuis pendant le cours de la Communauté.

Il suit encore du même principe, que si la Loy défére à l'un des conjoins une succession entiérement mobiliaire, la Communauté qui profite de tout l'actif de cette succession, doit en acquitter toutes les charges. Mais lorsque la succession est composée de meubles & d'immeubles, le sentiment (*e*) qui paroît le plus raisonnable, est que la Communauté ne doit être obligée au

(a) *Lebrun, de la Com. liv. 1. ch. 5. Sect. 2. dist. 1. n. 53.*
(b) *Lebrun, Ib. n. 58.*
(c) *Loüet, lett. A n. 3. & T. n. 5. Dargentré, sur l'art. 418. de la Coûtume de Bret. glos. 3. n. 2.*
(d) *Renusson, de la Com. 1. Part. ch. 10. n. 17.*
(e) *V. Lebrun, liv. 2. ch. 3. Sect. 2. dist. 1.*

payement des dettes qu'à proportion du mobilier & de la jouissance des immeubles de la succession.

Il est sans difficulté que ce n'est que par raport aux conjoins entr'eux, que les dettes mobiliaires d'une succession, ne tombent point dans la Communauté, lorsqu'elles excédent le mobilier & la jouissance des immeubles; car si la succession est déférée au mari, les créanciers peuvent faire saisir tous les effets de la Communauté, puisque leur débiteur en est le maître.

Il en seroit de même dans le cas d'une succession que la femme auroit acceptée avec l'autorisation de son mari. Mais si elle s'étoit fait autoriser par Justice, pour accepter cette succession, les créanciers n'auroient une action contre le mari que pour l'obliger à représenter les effets mobiliers de la succession qui seroient entrés dans la Communauté. C'est une maxime certaine qu'une femme ne peut pas sans le consentement de son mari, charger la Communauté par les dettes qu'elle contracte pendant le mariage.

Nous remarquerons qu'on doit regarder comme une dette de la Communauté, tout ce que l'un des conjoins est tenu de fournir par le droit naturel & la loy divine (*a*) à ses pere & mere, ou à ses enfans d'un autre lit, lorsqu'ils sont dans la nécessité, soit que leur condition, leur âge ou leur santé ne leur permettent pas de travailler, soit que leur travail ne suffise pas, pour les faire subsister.

CHAPITRE II.

Des Conventions ordinaires dans les Contrats de Mariage.

SI les familles qui s'unissent ensemble veulent s'imposer d'autres loix que celles de la Coûtume de leur domicile, elles peuvent le faire par des conventions particulieres dans leur contrat de mariage. Nôtre dessein n'est pas de traiter ici de toutes ces différentes conventions. Nous ne parlerons que de celles qui ont plus de raport avec la Communauté, & qui sont en usage dans toutes les Coûtumes où la Communauté peut avoir lieu.

Ces conventions sont de deux sortes: ou elles servent à étendre la Communauté, comme l'ameublissement; ou elles la restraignent, comme la stipulation de propre, la reprise mobiliaire & la séparation de dettes.

(a) *L. 5. & l. 8. Dig. de al. lib.*

SECTION

SECTION I.

De l'Ameublissement.

IL étoit naturel que ceux qui n'ont pas assez d'effets mobiliers pour mettre dans la Communauté, eussent la liberté d'y faire entrer leurs immeubles: c'est ce qui a donné lieu à la clause d'ameublissement.

Cette clause se forme, lorsqu'on stipule que ce qui est un véritable immeuble tombera dans la Communauté. De-là plusieurs conséquences.

1°. Le mari étant le maître des effets qui composent la Communauté, il est aussi le maître des propres ameublis de sa femme, & par conséquent il peut en disposer à sa volonté (*a*) ainsi que des conquêts.

2°. Si l'héritage ameubli a été vendu pendant le cours de la Communauté, le mari n'en doit point le remploi à sa femme.

3°. Quand le mari n'a point disposé du propre ameubli, & que le mariage vient à se dissoudre, chaque conjoint y a la moitié.

4°. Comme l'ameublissement ne se fait qu'en faveur de la Communauté, si l'héritage ameubli se trouve encore en nature après la dissolution du mariage, & que ce soit (*b*) un propre de ligne, les héritiers des propres y succéderont pour la part de celui qui l'a ameubli. Par la même raison, si c'est un propre maternel, & que dans le partage de la Communauté, il n'en tombe que la moitié dans le lot de la mere, il sera propre dans sa succession comme s'il n'avoit pas été ameubli, & pour la part du pere propre naissant dans sa succession.

5°. Quand l'héritage ameubli par le mari est un propre de ligne & qu'il a été vendu pendant le cours de la Communauté, il est sujet (*c*) au retrait lignager.

Au lieu de la clause d'ameublissement dont on vient de parler, le contrat de mariage porte assez souvent que le conjoint aporte à la Communauté

(a) *Lebrun, de la Com. liv. 2. ch. 2. Sect. 1. n. 4. Renusson, de la Com. 1. Part. ch. 6. n. 23. & 24.*

(b) *Loüet & Brod. lett. S. Som. 40. n. 2. Voyez Leb. liv. 1. ch. 5. Sect. 1. dist. 4. n. 10. & 19.*

(c) *Lebrun, Ib. n. 16. Dumoulin, sur Paris, glos. 1. n. 103. & 104.*

une somme de 10000. livres, par exemple, à prendre sur tous ses biens. Mais cette clause ne donne qu'une hypotéque spéciale sur les biens du conjoint qui a fait l'aport.

2°. Si l'on avoit ajoûté (ce qui arrive quelquefois) que les héritages sortiront nature de conquêts jusqu'à la concurrence des 10000. livres, cette stipulation auroit cet effet de plus que la premiere, que le mari seroit créancier de la femme, non d'une somme d'argent comme dans l'espéce précédente, mais d'héritages; ce qui rend cette créance immobiliaire, & qui empêche la femme survivante d'y succéder à ses enfans, & de la confondre.

3°. Quand il est dit seulement que le mari poura vendre des propres de sa femme, jusquà la concurrence d'une certaine somme, le mari a la faculté de les aliéner jusqu'à la concurrence de la somme fixée dans le contrat de mariage, & le prix alors en entre dans la Communauté; au reste, jusqu'à ce qu'il l'ait fait, la femme demeure débritrice à la Communauté de la somme, & par conséquent d'une chose mobiliaire.

Lorsque les conjoins sont convenus de mettre tous leurs biens en Communauté, cela ne doit s'entendre que des biens qu'ils possedoient lors du mariage, à moins qu'il ne paroisse par les termes du contrat qu'ils ont voulu ameublir tous leurs biens présens & à venir. Il est évident qu'une pareille stipulation fait tomber dans la Communauté toutes les dettes que le mari & la femme avoient contractées avant que de se marier; car les biens (*a*) comprennent naturellement la charge des dettes.

Comme il n'est pas ordinairement permis aux Mineurs qui se marient *de suo*, de faire entrer dans la Communauté (*b*) plus d'un tiers des biens qu'ils possedent, on voit assez qu'ils ne peuvent point ameublir une plus grande portion de leurs immeubles.

SECTION II.

De la Stipulation de Propre.

LA stipulation de propre est une convention par laquelle on réserve propres des effets mobiliers qui entreroient de plein droit dans la Communauté.

(a) *L. 39. §. 1. Dig. de Verb. Sig.*

(b) *Loüet & Brod lett. M. ch. 20. Argou, Inst. au Dr. fr. t. 2. ch. 8. de l'ameub. Renusson, de la Com. part. 1. ch. 3. n. 10. & 11. Journal des Aud. t. 1. l. 7. ch. 31.*

Cette stipulation que font les conjoins, afin de conserver entre eux une parfaite égalité, ou dans la vue de se réserver une partie de leurs biens mobiliers qui seroient trop considérables, est plus ou moins étendue, suivant les différentes clauses qui forment les propres conventionels, & qui produisent des effets bien differens.

Ces clauses sont ordinairement de trois sortes. La premiere, que la somme qui est aportée en mariage, sera propre à la femme; la seconde, que cette somme sera propre à la femme & aux siens; enfin la troisiéme, qu'elle lui sera propre à elle & aux siens de sont côté & ligne.

Puisque ces différentes stipulations ne sont que de simples fictions de droit, on doit les renfermer précisément dans les termes dont les conjoins se sont servi pour exprimer leur intention.

Ainsi. 1°. Dans la premiere clause, la stipulation de propre n'intérompt point le cours ordinaire (*a*) des successions: elle empêche simplement que la somme stipulée propre ne tombe dans la Communauté. C'est pourquoi lorsque la femme décéde la premiere, & qu'elle laisse des enfans, ils ont une action mobiliaire contre leur pere, pour se faire payer de la somme stipulée propre, soit qu'ils acceptent la Communauté, soit qu'ils y renoncent.

2°. La clause que la somme sera propre à la femme & aux siens, affecte tellement aux enfans les deniers stipulés propres, qu'ils y succédent les uns aux autres, à l'exclusion du pere (*b*) qui ne peut y avoir aucun droit, qu'après la mort du dernier de ses enfans.

3°. La derniere clause a cet effet que la somme est réputée propre, jusqu'à ce qu'elle ait passé aux héritiers collateraux de la femme (*c*) qui ont été compris dans la stipulation.

S'il avoit été stipulé que le mari sera tenu d'employer les deniers dotaux en achat d'héritages pour être propres à sa femme; une pareille clause auroit cet effet de plus que la simple stipulation de propre, que si la femme laissoit à sa mort des enfans, & que ces enfans mourussent ensuite, avant que l'emploi eût été fait, les parens maternels des enfans succederoient à l'action de reprise, à l'exclusion du pere; de la même maniére qu'ils auroient succedé à l'héritage d'emploi, si le pere eût satisfait à son engagement.

Lorsqu'une femme réserve propres tous ses biens présens & à venir, les fruits de ses propres sont toujours exceptés de la stipulation. On ne présume pas qu'on ait voulu exclure de la Communauté ces biens qui doivent y entrer, pour soûtenir les charges du mariage.

Nous ne parlerons point des stipulations de propres que le mari peut faire,

(a) *Renusson, des prop. ch. 6. Sect. 3.*
Lebrun des Success. liv. 2. ch. 1. Sect. 1. n. 53.
(b) *Ren. ib. Sect. 4. Leb. ib. n. 54.*
(c) *Ren. Sect. 5. Leb. n. 55.*

aussi-bien que la femme, quand il lui plaît; elles sont sujettes aux mêmes regles que celles qui se font du côté de la femme.

Il n'est pas permis à ceux qui ont des enfans d'un premier lit, & qui se marient en secondes nôces, de s'avantager (*a*) en fraude de la Loi : d'où l'on infére qu'ils ne peuvent pas faire tomber leurs biens dans la Communauté, au préjudice des défenses portées par l'Edit (*b*) des secondes nôces.

SECTION III.

De la reprise Mobiliaire.

LES femmes qui renoncent à la Communauté, ne retirent rien de ce qu'elles y ont aporté. Il pouroit donc arriver qu'une femme fût obligée de renoncer, & qu'elle perdît tout son bien qui seroit entré dans la Communauté. C'est pour éviter de pareils inconveniens qui seroient souvent une suite trop funeste de la puissance des maris, que la reprise mobiliaire a été introduite.

La reprise mobiliaire est une clause par laquelle on stipule que la femme poura reprendre tout ce qu'elle aura aporté dans la Communauté.

De ce que la femme, au moyen de cette clause, se trouve associée à tout le profit que la Communauté peut faire, sans qu'elle coure risque d'en suporter la perte; on en conclut que la reprise mobiliaire qui est si exorbitante des regles communes à toutes les autres sociétés, ne doit jamais se supléer, quand elle a été omise (*c*) dans le contrat de mariage. C'est aussi par cette raison qu'on ne doit pas étendre la reprise mobiliaire (*d*) d'une chose à une autre, d'un cas à un autre, ni d'une personne à une autre : d'où l'on peut tirer les conséquences suivantes.

1°. Si l'on est convenu simplement que la femme reprendra ce qu'elle a aporté en mariage; cette clause ne comprend pas ce qui lui sera échu à titre de succession, ou de donation & legs en ligne directe, pendant le cours de la Communauté.

2°. Quand la femme a stipulé la reprise, en cas qu'elle survive son mari,

(a) *Loüet & Brod. lett. N. ch. 8. Ricard, des Don. p. 3. chap. 9. gl. 2.*
(b) *Edit des sec. nôces de 1560. V. la Loi* hac edictali, cod. de sect. nupt.
(c) *Loüet & Brod. lett. D. ch. 39. Lebrun de la Com. liv. 3. ch. 2. sect. 2. dist. 5. n. 8.*
(d) *Lebrun, ib. n. 5. 11. 12. 19. 38. 42.*

elle ne peut pas reprendre, dans le cas de la séparation de biens ou d'habitation.

3°. Lorsque la clause porte que la femme aura la faculté de reprendre, sans ajoûter autre chose; les enfans ne pouront pas demander ce que leur mere avoit aporté à la Communauté. Au contraire, quand la reprise a été stipulée en faveur de la femme & des siens; les enfans auront la faculté de reprendre; mais les héritiers collateraux ne profiteront pas de cette stipulation dans laquelle ils ne sont point compris, &c.

4°. S'il est dit dans le contrat de mariage, que la femme & ses héritiers collateraux reprendront; il y en a qui pensent que le terme *d'héritier* est censé avoir été ajoûté plû-tôt pour être étendu aux collateraux, que pour exclure les enfans: mais il paroît que les héritiers collateraux doivent seuls avoir la faculté de reprendre, puisque l'intention de la mere qui auroit voulu comprendre ses enfans dans une pareille stipulation, ne peut être que présumée, & que l'intention présumée ne suffit pas dans les choses qui sont contre le droit commun. D'ailleurs, ne peut-on pas dire que la mere a eu des raisons, pour accorder à ses héritiers collateraux ce qu'elle refuse à ses enfans qui doivent naturellement succéder à leur pere?

Dès-le moment que la Communauté vient à se dissoudre, soit par la mort du mari, soit par la séparation de corps ou de biens, la femme a une action contre son mari, ou contre sa succession, pour se faire restituer ce qu'elle a stipulé dans la reprise; & comme cette action fait alors partie des biens de la femme, il s'ensuit qu'elle passe à ses héritiers (*a*) en ligne directe, ou en ligne collaterale, quand même la femme seroit morte, avant que d'avoir accepté, ou renoncé à la Communauté.

Sur le même fondement, les créanciers de la femme peuvent se faire subroger à cette action, comme à tous les autres droits de leur débitrice. Il n'en est pas de même, lorsque la reprise n'a point été ouverte au profit de la femme ou de ses héritiers. C'est une conséquence qui suit sans peine de nos principes.

Ainsi, lorsque la femme décéde la premiere, & qu'il a été stipulé que les enfans reprendront; les créanciers ne peuvent pas demander au mari la reprise mobiliaire, quand les enfans de la femme renoncent à la succession; car la reprise n'ayant point été stipulée au profit de la succession en général, mais seulement en faveur des héritiers de la femme qui seroient en même tems ses enfans, elle n'a point été ouverte; puisqu'il ne se trouve point d'héritiers qui ayent cette qualité.

Si dans le cas que nous venons de proposer, les créanciers de la femme ne sont pas en droit d'exercer la reprise, à plus forte raison un légataire

(a) *Lebrun, n. 16.*

univerſel de la femme, ne peut-il pas jouir de ce privilége? car la condition d'un créancier eſt toujours plus favorable que celle d'un légataire.

Au contraire, s'il ſe trouvoit un enfant qui ſe portât héritier aux quatre quints des propres, la repriſe ayant été une fois ouverte au profit de cet enfant, il ſeroit obligé d'en ſaiſir le légataire univerſel, ainſi que de tous les autres droits qui feroient partie de la ſucceſſion.

La repriſe mobiliaire ayant pour objet les effets que la femme a aportés à la Communauté, pour qu'on puiſſe l'exercer, il faut prouver (*a*) que ces effets ſont véritablement entrés dans la Communauté. Cette maxime peut recevoir ſon aplication dans trois différens cas.

1°. Lorſque la femme a promis elle-même la dot ſtipulée dans ſon contrat de mariage, elle ne peut obliger le mari, après la diſſolution de la Communauté, au payement de cette dot, qu'en prouvant (*b*)qu'il l'a effectivement reçue; parce qu'il ſeroit injuſte de repeter une choſe qu'on n'auroit pas fournie.

Une femme prouve le payement de ſa dot, par la quittance que le mari lui en a donnée dans le contrat de mariage. Il n'eſt pas néceſſaire qu'il ſoit dit dans l'acte que les deniers ayent été comptés; car c'eſt une maxime que celui qui peut donner, peut reconnoître avoir reçu. Cependant, ſi le mari avoit des enfans d'un premier lit, comme il ne pouroit plus donner que juſqu'à une certaine ſomme, ſi la reconnoiſſance étoit plus conſidérable, elle ſeroit réductible ſuivant l'Edit des ſecondes nôces.

Le payement de la dot peut encore ſe prouver par une quittance devant Notaires poſterieure au mariage. Mais il faut que cette quittance contienne une numération de deniers, & qu'il paroiſſe d'où les deniers proviennent; parce que la Loi craint de la tendreſſe d'un mari pour ſa femme, qu'il ne ſe ſerve de pareilles quittances, pour lui faire des donations déguisées.

2°. Si la dot a été conſtituée par les pere & mere, ou par quelqu'autre parent, la femme après dix ans (*c*), a une action contre ſon mari, ou ſes héritiers, pour repeter la dot qui lui a été promiſe. Si le mari ne l'a pas reçue, c'eſt une faute dont il doit être reſponſable, & qui ne doit point faire perdre la dot à la femme. Mais ceux qui ont conſtitué la dot, quoiqu'héritiers de la femme ne ſuccédent point à cette action. Comment en effet pouroient-ils reprocher au mari ſa négligence? Ne devoient-ils pas eux-mêmes ſatisfaire à leurs engagemens? Ils ne peuvent donc être à couvert de l'exception que le mari eſt en droit de leur opoſer, que par la preſcription ordinaire qui eſt de 30. ans, dans les pays qui n'en reconnoiſſent pas de plus courte.

(a) *Lebrun, n.* 46. 47. *& ſuiv.*
(b) *Leb. liv.* 3. *ch.* 2. *ſect.* 1. *diſt.* 3. *n.* 45.
(c) *V. Leb. ib. ſect.* 3. *n.* 42. *Et les additions ſur les Arr. de Bardet liv.* 9. *ch.* 2.

3°. A l'égard des biens que la femme a aportés à la Communauté pendant le mariage; le mari est obligé de rendre non-seulement ce qui paroîtra par un inventaire, ou par une enquête de commune renommée qu'il aura reçû, mais encore (*a*) tout ce qu'il aura négligé de recevoir.

Comme la loi hypotéque tous les biens présens & à venir du mari aux conventions matrimoniales de sa femme, la reprise mobiliaire se prend sur les biens de la Communauté, & subsidiairement sur les propres du mari. Il en seroit de même, quand les parties seroient convenues que la femme reprendroit sur les biens de la Communauté; car on ne peut regarder une pareille clause (*b*) que comme démonstrative; puisqu'il est évident que l'intention des conjoins a été d'assurer à la femme tout ce qu'elle a aporté en mariage.

SECTION IV.

De la Séparation des Dettes.

NOus avons dit dans la Sect. 3. du chap. 1. que la Communauté étoit obligée d'acquitter les dettes mobiliaires que les conjoins avoient contractées avant le mariage. Mais parce qu'il arrivoit tous les jours qu'une femme qui se marioit dans la vue d'une ample Communauté, se trouvoit trompée dans ses espérances, ou que le mari étoit ruiné dès-le jour même de son mariage par les dettes de sa femme, puisqu'il n'a pas comme elle la faculté de renoncer, & encore moins celle de reprendre ce qu'il aporte en mariage, on a inventé la séparation de dettes.

La séparation de dettes est une clause par laquelle chacun des conjoins s'oblige de payer ses dettes contractées auparavant le mariage.

Ainsi lorsque les conjoins ont été obligés de payer les dettes l'un de l'autre qu'ils avoient contractées avant que de se marier, ils doivent s'en faire raison sur tous les biens qu'ils possedent indistinctement.

Mais comme il est juste que des créanciers puissent se faire payer de ce qui leur est dû sur les biens de leur débiteur, la clause de separation de dettes n'a son effet par raport aux créanciers de la femme, que lorsqu'on a fait un inventaire (*c*) de ses biens mobiliers. La Coûtume de Paris & d'Orléans (*d*) en contiennent des dispositions expresses.

(a) *Leb. n.* 46.
(b) *Leb. liv.* 3. *ch.* 2. *sect.* 2. *dist.* 5. *n.* 72. 73. *& suiv.*
(c) *V. Arg. inst. au Dr. fr. t.* 2. *liv.* 3. *ch.* 7. (d) *Paris*, 222. *Orléans*, 218.

De-là il suit que si les parties ont satisfait à la Loi ; le mari ne peut être obligé qu'à représenter aux créanciers de sa femme, les effets contenus dans l'inventaire, ou du moins leur juste estimation. Si les effets ne suffisent pas pour payer les créanciers, il n'est pas douteux que le mari ne sçauroit les empêcher de faire saisir les propres de la femme pour le surplus de leurs créances ; puisque la femme n'a pu aporter ses biens en mariage que sous la déduction des dettes. Sur le même principe les créanciers du mari ne peuvent s'adresser à la femme, ni tant que la Communauté dure, ni après sa dissolution, soit qu'elle renonce à la Communauté, soit même qu'elle l'accepte, sur tout s'il y avoit eu un inventaire de fait lors du mariage ; car quoiqu'elle prenne alors la moitié des effets de la Communauté dont le mari étoit seul maître auparavant, elle l'acquiert sans la charge des dettes du mari, puisqu'au moyen de la clause de séparation, ces dettes ne faisoient point partie de la Communauté : il faloit que les créanciers du mari eussent la précaution de se pourvoir contre lui pendant le cours de leur mariage, & qu'ils fissent saisir tous les biens de la Communauté ; mais après la dissolution il ne leur reste plus contre la femme (*a*) que l'action hypotéquaire, au cas qu'elle possede des conquêts qui fussent hypotéqués à leur dette.

Lorsque les conjoins n'ont pour tous biens que des immeubles, ou qu'ils ont fait dans leur contrat de mariage (*b*) un détail de tous les effets mobiliers qu'ils aportent à la Communauté, il n'est pas nécessaire qu'ils fassent un inventaire, puisqu'il se trouve fait équivalemment par le contrat de mariage, & qu'on distingue toujours assez à qui des immeubles apartiennent.

CHAPITRE III.

De la puissance & autorité du Mari.

Le droit naturel & la Loi divine (*c*) se réunissent ensemble, pour donner au mari la supériorité sur sa femme. C'est par une suite de cette supériorité, que la femme doit suivre la fortune & le domicile de son mari en quelque endroit qu'il veuille fixer sa demeure, pourvû que ce ne soit pas hors du Royaume, ou la qualité & les devoirs de citoyens les attachent.

(a) *Lebrun, liv.* 2. *ch.* 3. *Sect.* 3. *n.* 12. (b) *Renusson*, 1. *part. ch.* 11. *n.* 10.

(c) *Genes. cap. Vers.* 16. *Ep. ad Corint.* 1. *cap.* 11. *vers.* 3. *cap.* 14. *v.* 34. *Ep. ad Ephes. l.* 5. *V.* 22.

Nos

Nos mœurs ont été plus loin. Elles ont accordé au mari la propriété des biens qui composent la Communauté, la jouissance & l'administration des biens dotaux, enfin une véritable puissance sur la personne de sa femme.

SECTION I.

Du pouvoir du Mari sur les Biens de la Communauté.

LA Loi dès-l'instant du mariage, donne au mari le pouvoir d'un maître absolu sur tous les effets de la Communauté.

De-là il suit 1°. que le mari peut disposer, soit à titre onéreux, soit à titre gratuit des effets de la Communauté, qu'il peut les perdre & les dissiper au jeu, ou à d'autres folles dépenses (*a*), sans être obligé de rendre compte de son administration.

2°. On peut conclure du même principe que la stipulation de propre n'ôte point le pouvoir que le mari a de disposer des effets mobiliers de sa femme; puisqu'elle n'a d'autre effet que de l'obliger à rendre à sa femme, après la dissolution de la Communauté, la valeur des effets stipulez propres.

3°. C'est toujours par la même raison que le mari est le maître des actions mobiliaires & possessoires de sa femme; car les actions mobiliaires font partie des meubles, & les actions possessoires regardent la jouissance des propres dont les fruits tombent dans la Communauté.

Au reste, il ne faut pas s'imaginer que le mari ait une liberté indéfinie de disposer à titre gratuit des biens de la Communauté. La Loi toujours judicieuse, jusque dans ses faveurs qu'elle ne dispense qu'avec mesure & avec sagesse, ne lui permet d'en faire des donations qu'à des personnes capables (*b*) & sans fraude.

On regarde comme donations faites à des personnes incapables, celles qu'un mari fait en faveur d'une concubine, ou de ses bâtards; parce qu'il est contre la bienséance que les profits du mariage soient répandus dans le sein de ces personnes, qui ne servent qu'à le déshonorer.

On regarde aussi comme incapables les héritiers (*c*) présomptifs des maris.

(a) *Paris*, 225. *Orl.* 193.
(b) *Paris*, 225. *Orl.* 193.
(c) *V. Dumoulin*, *sur Paris*, 107.

Mais cela n'empêche pas qu'un mari ne puisse doter l'enfant commun des effets de la Communauté, indépendamment de sa femme, & sans qu'elle soit en droit d'en demander aucune récompense. Comment en effet concevoir que cet enfant fut compris dans la prohibition de la Loi? Peut-on jamais avec plus de raison & de décence disposer du fruit des travaux communs, qu'au profit des enfans communs?

Les donations frauduleuses sont celles par lesquelles un mari pouroit s'apliquer les deniers de la Communauté, au préjudice de sa femme. Telles sont les dispositions faites par le mari à des personnes ausquelles il doit succéder. La Loi regarde aussi comme frauduleuses les donations universelles (*a*) que le mari feroit des biens de la Communauté, ou même celles par lesquelles il disposeroit d'une portion considérable (*b*) de ces mêmes biens.

Mais parce que le pouvoir du mari sur la Communauté, ne dure qu'autant qu'elle subsiste, il s'ensuit 1°. qu'un mari ne peut donner par testament aucune partie des biens que la femme doit prendre dans la Communauté; car le testament n'ayant son effet qu'après la mort, il ne peut pas disposer d'un bien dont il n'est plus le maître.

2°. Lorsque le mari commet quelque délit qui emporte mort civile, & par conséquent dissolution de Communauté, la confiscation, les réparations, amendes & dépens ne se prennent que sur la part du mari (*c*) dans la Communauté, & non pas sur celle de la femme.

SECTION II.

Du pouvoir du Mari sur les Biens dotaux.

C'Est une maxime certaine, en pays coûtumier, que tout ce que la femme aporte en mariage est censé bien dotal, dont le mari a la jouissance pour soûtenir les charges du mariage, & dont il est en même tems le légitime administrateur.

Ainsi quand il n'y auroit point de Communauté entre les conjoins, le mari est en droit de recevoir les revenus, & de faire tous les actes qui regardent la jouissance & l'administration des biens de sa femme, comme les baux à loïer, les baux à ferme, &c. Il a même quelque chose de plus que

(a) *Poitou*, 244.
(b) *Dumoulin, sur l'art.* 17. *de la Coût. de St. Quentin.*
(c) *Orléans*, 209. *Loüet & Brod. lett. C. ch.* 35. *&* 52.

cette qualité qui lui donne le pouvoir de jouir & d'administrer les biens dotaux de sa femme, puisqu'il jouit encore des droits honorifiques en qualité de mari, & que c'est à lui que les Vassaux (*a*) doivent porter la foy & hommage.

C'est une suite du même principe que la femme est tenue de tous les engagemens que le mari a contractés comme son légitime administrateur, pourvû qu'il n'y ait point de fraude, & qu'il n'ait point excédé les bornes de son administration, d'où il résulte que la femme, après la dissolution de la Communauté, est obligée d'entretenir les baux (*b*) que le mari a faits de ses héritages pour le tems de six ou de neuf ans (*c*), suivant que la Coûtume du domicile du mari lui permettoit de les faire.

La Coûtume de Blois renferme néanmoins une disposition contraire. Elle porte que le mari ne pourra faire bail à ferme ou moison outre le tems du mariage, sans le consentement de sa femme.

Mais quelque autorité qu'ait le mari sur les biens dotaux, il ne peut ni les aliéner, ni les engager (*d*) sans le consentement de sa femme.

Ainsi lorsque la femme n'a point consenti l'aliénation que le mari a faite de ses propres, elle peut les revendiquer après la dissolution du mariage, sans qu'on puisse lui oposer aucune prescription (*e*); car on présume que la femme pendant le cours du mariage, n'a pas eu la liberté d'agir, à cause de la puissance que le mari avoit sur elle: or la prescription ne court point contre une personne qui ne peut agir, *contra non valentem agere non currit prescriptio.*

Cependant comme le mari s'étoit engagé à faire jouir l'acquéreur, & que cet engagement est une dette de la Communauté, pour que la femme puisse revendiquer la totalité de ses héritages aliénés par le mari sans son consentement, il faut qu'elle renonce à la Communauté, ou du moins qu'elle abandonne les biens qu'elle en auroit eus; car tant quelle en possedera quelques-uns, elle sera garante de l'éviction pour moitié, comme commune, & même hipotéquairement pour le total, si elle est détempteresse de conquêts; de même qu'un pupile est tenu de l'aliénation d'un de ses immeubles faite par son tuteur, lorsqu'il vient à lui succéder: c'est le cas de la regle, *quem de evictione* (*f*) *tenet actio, eundem agentem repellit exceptio.*

(a) *V. Leb. liv. 2. ch. 2. sect. 4. n. 12. & 15.*
(b) *Paris, 237.*
(c) *V. gloss. ad l. 3. ff. si ag. vect.*
(d) *Paris, 226.*
(e) *Leb. liv. 3. ch. 2. sect. 1. dist. 2. n. 86.*
(f) *Tot. tit. ff. de except. rei vend. & trad.*

SECTION III.

De la puissance du Mari sur la personne de sa Femme, ou de l'autorisation.

NOS Loix ont accordé au mari une véritable puissance sur la personne de sa femme. Elles n'ont pas voulu que la femme pût rien faire sans l'autorisation de son mari ; parce qu'elles ont cru qu'il étoit de la bienséance, & de l'utilité publique qu'elle reconnût dans toutes ses actions l'étroite dépendance où elle doit être de celui à l'autorité duquel la Nature & la Religion l'ont assujetie.

De-là il faut conclure. 1°. Que la femme ne peut procéder en Justice, & qu'elle ne peut vendre ou engager ses biens (*a*) à quelque titre que ce soit sans être autorisée de son mari.

2°. Et c'est une suite de cette premiére conséquence qu'une femme n'a pas la liberté d'accepter (*b*) ni de renoncer à une succession, sans le consentement de son mari; puisqu'elle s'obligeroit dans le premier cas envers les créanciers de la succession, & que dans le second cas elle aliéneroit le droit qu'elle a de se porter héritiere.

3°. Comme l'autorisation du mari doit être expresse, & par conséquent spéciale (*c*) pour tous les contrats de la femme, il s'en suit qu'une autorisation générale donnée dans un contrat de mariage n'est pas suffisante. Il y a cependant des Coûtumes (*d*) dans lesquelles on peut convenir par le contrat de mariage, que la femme n'aura pas besoin dans la suite de l'autorisation de son mari.

4°. Quand le mari seroit mineur, la femme ne peut pas contracter (*e*) sans son autorisation ; parce qu'elle n'en est pas moins dans sa dépendance. Mais si le mari mineur se trouvoit lézé, par l'autorisation qu'il auroit donnée, il est en droit de s'en faire relever par des lettres de rescision, & l'autorisation se trouvant nulle alors, l'obligation de la femme deviendroit nulle aussi.

5°. La nécessité de l'autorisation est telle que tous les actes que la femme

(a) *Paris*, 223. & 224. *Orl.* 194. & 196.
(b) *Leb. liv.* 2. *ch.* 1. *sect.* 3. *n.* 5. & 6. (c) *Leb. liv.* 2. *ch.* 1. *sect.* 4. *n.* 3. & 8.
(d) *Berri, art.* 22. *tit. de l'état des pers. La Rochelle, art.* 23.
(e) *Leprestre cent.* 1. *ch.* 65. *Ren. de la Com.* 1. *part. ch.* 7. *n.* 18.

a faits sans l'autorisation de son mari sont nuls (*a*) de plein droit; d'où il résulte qu'elle peut revendiquer les héritages qu'elle a aliénés sans cette autorisation, & poursuivre le payement des dettes dont elle auroit seule donné quittance. Par la même raison, la femme ne peut être poursuivie (*b*), ni elle, ni ses héritiers, pour les obligations qu'elle a contractées sans être autorisée de son mari. Il n'y a que la Coûtume de Bayonne (*c*) qui porte qu'après le décès de l'un des conjoins, l'obligation de la femme doit être exécutée sur ses biens.

L'autorisation n'ayant été rendue nécessaire que par une Loi politique & de bienséance, il s'ensuit que la Loi est en droit de dispenser les femmes de la nécessité de l'autorisation du mari; ce qu'elle fait dans quelques circonstances particuliéres.

Premiérement, lorsqu'une femme veut former un engagement avantageux, ou poursuivre ses droits en Justice, elle peut se faire autoriser en Justice (*d*) au refus de son mari. Les Législateurs n'ont pas cru devoir ôter à la femme l'unique ressource qui lui restoit pour agir, dans ces circonstances où le mari ne refuse son consentement que par un esprit ou d'interêt ou de caprice. Il en est de même lorsque le mari ne peut autoriser sa femme, soit qu'il soit en démence, ou qu'il soit absent depuis long-tems.

Mais parce que la femme ne peut pas préjudicier aux droits du mari qui est le maître de la Communauté, & qui a la jouissance des biens dotaux, pour soûtenir les charges du mariage, il s'ensuit que s'il intervient alors quelque condamnation de dépens contre elle, la condamnation ne peut être exécutée même sur les fruits de ses biens propres, qu'après la dissolution de la Communauté.

Secondement, la femme séparée de biens par autorité de Justice, peut s'obliger valablement dans tous les actes qui regardent la jouissance (*e*) & l'administration de ses immeubles. On doit dire la même chose dans le cas de la séparation de biens stipulée par les conjoins dans leur contrat de mariage; pourvû que la clause porte que la femme jouira (*f*) séparément de son bien.

Troisiémement, les obligations que la femme contracte sans être autorisée, pour tirer son mari (*g*) de prison, sont valables. Il en est de même de celles qu'elle contracte *pour le fait de la marchandise* (*h*) *dont elle se méle*, lorsqu'elle est marchande publique; au reste la femme n'est réputée marchande publique, que lorsqu'elle fait un commerce (*i*) séparé de celui de son mari;

(a) *Voy. Leb. liv. 2. ch. 1. sect. 5. n. 1. & 2.*
(b) *Paris, 223.* (c) *Bayonne, tit. 9. art. 39.*
(d) *Paris, 224. Orl. 196.* (e) *Paris & Orl. ibid.*
(f) *Arg. Inst. au Dr. fr. tom. 2. liv. 3. ch. 4.*
(g) *Normandie, 541. Loüet, lett. A ch. 9.*
(h) *Paris, 234. Orl. 196.* (i) *Paris, 235. Orl. 197.*

si c'étoit le même commerce, elle n'obligeroit que son mari, comme le facteur qui oblige son maître, sans s'obliger lui-même.

Quatriémement dans la Coûtume d'Orléans, & quelques autres (*a*) Coûtumes particulieres, la femme peut intenter & soutenir une demande en réparation d'injure sans le consentement de son mari.

2°. Les femmes peuvent tester sans l'autorisation de leurs maris, non-seulement parce que les testamens sont des actes qui doivent être entiérement libres, mais encore parce que de pareils actes n'ont leur effet que dans un tems où le mari n'a plus de pouvoir sur la personne de sa femme.

3°. Il n'est pas nécessaire que la femme soit autorisée, lorsqu'elle contracte avec son mari, par exemple, quand ils se font l'un à l'autre un don mutuel (*b*); parce qu'il n'est pas convenable qu'une personne puisse autoriser dans sa propre cause.

CHAPITRE IV.

De la dissolution de la Communauté.

LA Communauté étant un des effets civils du mariage, elle finit lorsque le mariage ne subsiste plus. La mort naturelle emporte donc toujours la dissolution de la Communauté.

La Communauté finit encore par la mort civile de l'un ou de l'autre des conjoins; car quoique la mort civile ne puisse rompre le mariage qui est un lien naturellement indissoluble, elle peut empêcher qu'il ne produise des effets civils.

La Communauté peut aussi se dissoudre par la séparation, comme on le fera voir dans la Section suivante. Nous passerons ensuite au partage des biens de la Communauté: mais comme le partage n'a lieu que lorsque la femme ou ses héritiers acceptent la Communauté, nous n'en parlerons qu'après avoir traité dans une seconde Section, du droit que la femme ou ses héritiers ont de renoncer à la Communauté.

(a) *Orleans*, 200. *Montargis*, *ch.* 2. *art.* 7.
(b) *Voyez Leb. liv.* 2. *sect.* 3. *n.* 36. & *suiv.*

SECTION I.

De la Séparation.

ON distingue deux sortes de séparations: la séparation de biens, & la séparation d'habitation, que l'on apelle autrement séparation de corps. La premiere a été introduite, pour empêcher qu'un mari par sa mauvaise conduite ne dissipe le bien de sa femme; & l'autre, afin qu'une femme ne soit pas continuellement exposée aux mauvais traitemens de son mari.

Pour que l'une & l'autre séparation soient valables, elles doivent être ordonnées en Justice (*a*) avec connoissance de cause; l'honnêteté publique ne permet pas aux conjoins de les faire de leur propre mouvement, quand même ils les consentiroient en Justice. Il seroit d'autant plus dangereux d'autoriser ces sortes de séparations, qu'elles pouroient servir à faire valoir des avantages indirects.

Il y a plusieurs autres formalités prescrites par les Coûtumes, & par l'Ordonnance du commerce (*b*) pour la validité des séparations; & lorsque la femme n'a point satisfait à ces formalités, tous ceux qui pouroient y avoir quelque interêt, sont en droit de poursuivre la nullité de la séparation.

Comme les mauvais traitemens d'un mari n'empêchent pas que la Communauté ne soit souvent fort opulente, & qu'une femme ne se fait séparer de biens que lorsqu'elle a sujet de se plaindre de la dissipation de son mari, il est aisé de voir (*c*) que la femme qui obtient une séparation de biens, est ordinairement obligée de renoncer à la Communauté, & qu'elle peut au contraire toujours l'accepter dans le cas de la séparation d'habitation.

Quoique les conjoins ayent été séparés de corps ou de biens, ils peuvent se reconcilier & se remettre en Communauté, comme ils étoient auparavant: mais ils ne peuvent le faire que par un acte autentique (*d*), l'ordre public & l'interêt de ceux qui pouroient dans la suite contracter avec eux, l'exigent.

Quand les conjoins se sont remis en société, la Communauté continue alors, de la même maniére que si elle n'avoit jamais été interompue; de sorte que toutes les acquisitions faites par le mari & la femme, pendant leur séparation retombent dans la Communauté, & que le mari est obligé (*e*) d'entre-

(a) *Orléans*, 198. *Loüet & Brod. lett. S. ch.* 16.
(b) *V. les Coût. de Berry, d'Orl. de Blois, & l'Ord. de* 1673. *art.* 1. *tit.* 8.
(c) *Arg. inst. au Dr. fr. t.* 2. *ch.* 20. *& Leb. liv.* 3. *ch.* 1. *n.* 32. *& suiv.*
(d) *V. Lebrun & Renusson, Pallu, sur Paris*, 231. *& Delalande, sur Orl.* 199.
(e) *Orléans ib.*

tenir les actes d'administration que la femme a faits pendant le tems qu'elle a été séparée d'avec lui.

SECTION II.

Du droit que la femme ou ses héritiers ont de renoncer à la Communauté.

LES femmes n'avoient point autrefois la faculté de renoncer à la Communauté *(a)*, pour se décharger du payement des dettes. Cette faveur ne fut d'abord accordée qu'aux femmes nobles, dans le tems des Croisades *(b)*, à cause des dettes considérables que leurs maris étoient obligés de contracter, sans qu'elles en eussent *(c)* connoissance. Il est vrai que les veuves n'étoient tenues des dettes que jusqu'à concurrence des effets de la Communauté dont elles profitoient. Ce n'étoit pas même un privilége qui leur fut accordé par la Loi, mais une suite de l'équité naturelle qui donne à tout associé qui n'a pas le pouvoir d'administrer, le droit de s'affranchir des dettes, en abandonnant la part qu'il a dans la société : c'est ce qui se pratique encore tous les jours dans la société en commandite.

Les Coûtumes ont prescrit des formalités essentielles pour la validité de la renonciation. La premiere de ces formalités *(d)* est que *la chose soit entiere*, c'est-à-dire, que la femme n'ait point encore accepté la Communauté.

Il y a deux maniéres d'accepter la Communauté : l'une par un engagement exprès, en déclarant qu'on accepte ; l'autre par un engagement tacite, en faisant acte de commune.

Une femme fait acte de commune, quand elle fait quelque chose qui suppose la volonté de l'être : c'est ce qui arrive toutes les fois que la femme fait une chose qu'elle ne feroit pas, si elle n'avoit l'intention d'accepter la Communauté. Ainsi la veuve fait acte de commune *(e)*, lorsqu'elle fait des baux à loïer, ou à ferme des conquêts, lorsqu'elle dispose des effets communs, enfin lorsqu'elle paye des deniers de la Communauté les dettes de son mari, ausquelles elle seroit même personnellement obligée.

(a) *Grand. Coût. de prat. liv. 2. tit. de bail & gard.*
(b) *Loysel, inst. liv. 1. tit. 2. n. 10. anc. Coût. de Paris, art. 115.*
(c) *Leprestre cent. 1. ch. 4.*
(d) *Paris, 237. Orléans, 204.* (e) *Arg. l. 2. C. de jur. del.*

Mais

Mais ce n'est point faire acte de commune (*a*) que de rester dans la maison du mari, & d'y vivre avec ses domestiques des provisions qui y sont, jusqu'à ce que l'inventaire soit fait. Il en est de même, (*b*) lorsqu'une femme fait faire des réparations urgentes & nécessaires, ou quand elle vend des meubles qui auroient pu périr, si on les eût gardé plus long-tems; parce qu'on ne peut pas présumer que la femme ait voulu accepter la Communauté, dans ces circonstances où elle ne fait que veiller à la conservation des effets communs. Il seroit néanmoins plus sûr que la femme s'adressât au Juge, pour qu'il lui permît la vente de ces effets, sans préjudice à la qualité qu'elle prendra dans la suite.

A plus forte raison, la femme ne fait-elle pas acte de commune, quand elle paye des deniers de la Communauté les frais funéraires, ou qu'elle poursuit la vengeance de la mort de son mari; car elle ne fait en cela que satisfaire aux devoirs que lui imposent tout à la fois la Nature, la Religion & l'honneur qu'elle doit à son mari.

La seconde formalité nécessaire pour la validité de la renonciation, est que la femme raporte (*c*) *un bon & loïal inventaire.*

De-là il suit que la femme ne peut jamais renoncer à la Communauté qu'en faisant un fidéle inventaire, & qu'elle est tenue indéfiniment des dettes, toutes les fois qu'elle recéle frauduleusement des effets de la Communauté.

Nous observerons que les héritiers du mari ou ses créanciers ne peuvent pas (*d*) poursuivre criminellement la veuve, pour raison des recélés qu'elle a commis. Ils doivent se pourvoir par action (*e*) civile, à cause de l'honneur dû au mariage que la femme a contracté avec celui dont ils exercent les droits. Il n'y a jamais que des circonstances très-rares, & extrêmement odieuses (*f*) qui puissent déterminer les Juges à se départir de la regle, & à confirmer les procédures criminelles qui ont été faites contre la veuve.

La troisiéme formalité regarde la maniére dont la renonciation de la femme à la Communauté doit être faite. Il y a des Coûtumes qui en contiennent des dispositions expresses. Les unes veulent que la renonciation soit faite (*g*) en Justice en personne, ou par Procureur (*h*) fondé d'une procuration spéciale. Dans les autres il faut outre cela que la femme ait appellé les héritiers de son mari, ou le Procureur (*i*) du Roi à leur défaut.

A l'egard des Coûtumes qui ne s'expliquent pas sur la maniére dont la renonciation doit être faite, il est sans difficulté qu'on doit en assurer la vérité.

(a) *Arg. l.* 1. *C. de rep. vel abst. hæred.*
(b) *V. la Loi* 20. *dig. de acq. hæred.* (c) *Paris, & Orl.* 237 & 204.
(d) *Loüet & Brod. lett. C ch.* 36.
(e) *L.* 1. *dig. de act. rer. am. l. fin.* §. *ult. Cod. de furt.*
(f) *Argou, de la Comm. t.* 2. *liv.* 3. *ch.* 4.
(g) *Dourdan*, 84. (h) *Laon*, 26. *Touraine*, 290. (i) *Bourbonnois* 245.

par un acte précis & formel au Greffe ou pardevant Notaires, & dont il y ait minute. Il est même nécessaire que les veuves des comptables, & autres qui ont le maniment des deniers Roïaux, fassent leur renonciation en Justice, en présence du Procureur du Roi : autrement leur renonciation ne seroit pas valable (*a*) à l'égard du Roi.

Il y a encore une quatriéme condition nécessaire (*b*) dans quelques Coûtumes, pour que la renonciation ait son effet : c'est que la femme ait renoncé dans les trente ou quarante jours qui ont couru depuis la dissolution du mariage. Mais dans les Coûtumes qui ne fixent point de tems, la femme a toujours la liberté de renoncer, tant qu'elle n'a point fait acte de commune. Cependant lorsqu'elle est poursuivie par les créanciers de la Communauté, & que les délais de l'Ordonnance (*c*) sont expirés, sans qu'elle ait fait sa déclaration, on la condamne en qualité de commune. Cette condamnation à la vérite n'empêche pas que la femme ne puisse renoncer, jusqu'à ce qu'il y ait eu un Arrêt, ou un jugement pasé en force de chose jugée. Elle est encore en droit, même après le jugement rendu en force de chose jugée, de renonocer vis-à-vis des autres créanciers de la Communauté; car ce jugement ne peut l'obliger, & la rendre commune, qu'envers ceux qui l'ont obtenu. C'est une maxime de droit que *res inter alios judicata alteri non prodest.*

Lorsque le défunt n'a laisé aucuns effets mobiliers, la veuve doit prendre la précaution de faire faire un procès verbal de carence de meubles. Mais cette formalité n'est nécessaire que pour une plus grande sureté ; parce qu'on ne peut pas réfuser à la femme de prouver par la commune renommée que son mari n'avoit laisé aucuns effets.

Nous avons fait voir comment la femme pouvoit renoncer à la Communauté. Il reste à examiner quelles sont les suites de sa renonciation.

Premiérement, la renonciation de la femme a cet effet que tous les biens tant meubles qu'immeubles de la Communauté apartiennent au mari; de sorte que la femme est censée n'y avoir jamais eu aucun droit. De-là deux conséquences.

1°. La femme qui renonce n'a aucune part (*d*) dans les effets de la Communauté. Elle ne peut donc pas reprendre ce qu'elle a aporté elle-même à la Communauté; à moins qu'il n'y ait une convention contraire dans le contrat de mariage, comme nous l'avons fait voir dans la Section 3. du chap. 2. On donne néanmoins toujours à la femme survivante un habillement complet à son usage; *nec enim debet abire nuda.*

3°. Le mari est tenu seul de toutes les dettes (*e*) de la Communauté; il

(a) *Arg. inst. au Dr. fr. t. 2. liv. 3. ch. 4.*
(b) *Bretagne*, 432. *Artois*, 165. (c) *V. Ord. de 1667. t. 7. art. 5.*
(d) *Orl.* 206. (e) *Orl.* 205.

doit par conſéquent indemniſer ſa femme de celles auſquelles elle s'eſt obligée perſonnellement avec lui.

Le ſecond effet de la renonciation eſt que la femme a une action contre le mari ou ſes héritiers, pour ſe faire payer en entier de ſes repriſes, du remploi de ſes propres aliénés & de ſes dommages & interêts réſultans des réparations viagéres que le mari auroit manqué de faire ſur les héritages qui lui apartiennent. Nous parlerons de toutes ces choſes dans les deux premiéres Sections du chapitre ſuivant. Nous remarquerons ſeulement ici, qu'on appelle réparations viagéres, celles qui regardent la jouiſſance, comme la culture en fait de terre, & en fait de maiſons (*a*) toutes réparations, hors les quatre gros murs, les poutres, les entiéres ouvertures & les voûtes.

Le mari de ſon côté a un recours contre la femme qui renonce, pour ſe faire reſtituer toutes les ſommes qui ont été tirées de la Communauté, ſoit pour le payement d'une dette dont la femme étoit ſeule tenue, ſoit pour les augmentations, reparations & améliorations qui ont été faites ſur ſes propres. On peut voir dans la Sect. 3. du chap. ſuivant, ce que nous diſons à ce ſujet.

Comme le préciput eſt un avant part de la Communauté, & qu'il ſupoſe par conſéquent un partage, on juge facilement que la femme ne peut avoir de preciput, quand elle renonce à la Communauté, à moins que les parties ne ſoient expreſſément convenues qu'elle prendroit ſon préciput (*b*) même en cas de renonciation ; car il faudroit alors ſuivre la loi que les conjoins ſe ſont faite eux-mêmes dans leur contrat de mariage.

C'eſt un droit que l'uſage a preſque univerſellement etabli dans le Royaume, & dans les autres Etats, que la veuve porte le deüil de ſon mari (*c*) aux dépens de ſa ſucceſſion, ſoit qu'elle accepte la Communauté, ſoit qu'elle y renonce. Il n'en eſt pas ordinairement parle dans le contrat de mariage ; parce que ce ſeroit une ſtipulation (*d*) de trop mauvais augure. Mais on le regle ſuivant la qualité & les facultés du mari. Cela depend de la prudence du Juge, quand les parties ne peuvent pas en demeurer d'accord.

CHAPITRE V.

Comment ſe fait le partage des biens de la Communauté.

QUand la femme, ou ſes héritiers acceptent la Communauté, il faut procéder au partage. Le mari & la femme reprennent alors leurs propres

(a) *Paris*, 262. *Orl.* 222. (b) *Ren. de la Com.* 1. *part. ch.* 3. *n.* 25.
(c) *Loiſel, inſt. Coût. liv.* 1. *Loiſel & Brod. lett. V ch.* 11.
(d) *Argou, inſt. au Dr. fr. t.* 2. *l.* 3. *ch.* 11. *Arg. l.* 12, §. 5. *ff. de rel. & ſump. fun.*

qui sont en nature, avec les fruits dont ils se trouvent chargés; car ces fruits apartiennent à celui qui est propriétaire de l'héritage, en remboursant à l'autre conjoint (*a*) la moitié des labours, semences & façons.

Le surplus des biens compose la masse de la Communauté. Chacun des conjoins prend d'abord sur cette masse, tout ce qui lui est dû pour ses reprises & le remploi de ses propres aliénés pendant le mariage, sous la déduction des récompenses qu'il doit à la Communauté. Si le survivant doit avoir un préciput, il se prend aussi avant part sur les effets de la Communauté. Enfin on partage ce qui reste entre les deux conjoins, ou leurs héritiers. C'est ce que nous allons déveloper dans les Sections suivantes.

SECTION I.

Des Reprises.

Lorsqu'une femme stipule qu'une certaine somme lui demeurera propre; il n'y a que le surplus de ses deniers dotaux qui tombe dans la Communauté. C'est pourquoi dès-le moment que la Communauté vient à se dissoudre, la femme est en droit de reprendre la somme stipulée propre dans le contrat de mariage.

Il en est de même, quand la femme n'a aporté à la Communauté qu'une partie de ses effets mobiliers; elle a une action, après la dissolution du mariage, pour se faire restituer le prix du surplus des meubles qui ne sont point entrés dans la Communauté. Si les parties en se mariant, n'avoient fait aucune estimation, ni même aucun inventaire de leurs biens; il faudroit fixer la valeur des effets mobiliers de la femme. Les Juges dans cette circonstance, pour s'assurer de la vérité qu'ils cherchent à connoître, ont coûtume d'ordonner qu'il sera fait un enquête de commune renommée.

Le mari est aussi en droit de reprendre, après la dissolution de la Communauté, les deniers & autres meubles qu'il s'est reservé propres. Mais il y a cette différence qu'il ne peut demander ses reprises que sur les biens de la Communauté, & après que la femme a été acquittée de toutes ses conventions matrimoniales.

Nous ne parlerons pas d'avantage de la reprise des deniers stipulés propres. On peut voir ce que nous en avons dit dans la Section 2. du chapitre 2.

(a) *Paris* 231. *Orl.* 208.

SECTION II.

Du remploi des propres aliénés pendant le Mariage.

COmme il peut arriver que les conjoins pendant le mariage, vendent leurs héritages propres, ou qu'ils reçoivent le remboursement des rentes qui leur sont dues; il étoit juste de leur accorder en ce cas une action de remploi sur la Communauté, pour être remboursés (*a*) du prix de leurs propres aliénés qui y seroit entré : c'est donc ce prix qui détermine la mesure du remploi.

Ainsi. 1° Soit que l'héritage propre à l'un des conjoins ait été estimé par le contrat de mariage, soit qu'il vaille plus ou moins qu'il n'a été vendu, on ne doit avoir aucun égard à cette estimation, ni à la valeur de l'héritage; on doit seulement considérer le prix de la vente dont la Communauté a profité.

2°. Lorsque le propre du mari ou de la femme a été donné en échange d'un immeuble, on peut conclure du même principe qu'il n'est point dû de remploi, si ce n'est pour les deniers de retour qui seroient tombés dans la Communauté.

3.° C'est encore une suite de nôtre principe que si l'on a vendu avec l'héritage de l'un ou de l'autre des conjoins, une vendange ou des meubles, il faudra faire une ventilation; car ces meubles & cette vendange apartenoient à la Communauté, & par conséquent elle n'en doit pas le remploi.

4° Enfin parce que le remploi est une dette de la Communauté, on en conclut (*b*) que le mari qui a vendu pendant le mariage un de ses propes, ne peut en demander le remploi à sa femme, lorsqu'elle renonce à la Communauté. Par la même raison si la femme accepte, le mari en ce cas ne sçauroit avoir recours sur les propres de sa femme; puisque la femme n'est tenue des dettes que sur les effets de la Communauté dont elle profite.

Au contraire, quand les propres de la femme ont été aliénés, il est aisé de voir qu'elle doit en être acquittée (*c*) sur tous les biens du mari, soit qu'elle accepte la Communauté, soit qu'elle y renonce. Il y a cependant cette

(a) *Paris*, 232. *Orl.* 192.
(b) *V. Lebrun, de la Com. liv.* 3. *ch.* 2. *sect.* 1. *dist.* 2. *n.* 50. *&* 68.
(c) *Leb. n.* 66.

différence que dans le cas d'acceptation, le remploi ne peut jamais être pris sur les propres du mari, que lorsque les biens de la Communauté ne sont pas suffisans. Il ne seroit pas même permis de stipuler (a) que le remploi des propres de la femme sera pris entiérement sur les propres du mari, ou sur la part qu'il aura dans la Communauté; parce qu'une pareille stipulation donneroit au mari la liberté d'avantager sa femme, en l'autorisant à l'aliénation de ses immeubles; car le prix en entreroit dans la Communauté où la femme a la moitié, & elle prendroit outre cela le total du prix sur les biens de son mari.

Il y a une autre espéce de remploi qui est dû, même pour ce qui n'est pas entré dans la Communauté. C'est lorsque le mari a laissé prescrire (b) l'action que sa femme avoit, pour le payement d'un de ses propres qu'elle avoit aliéné, soit avant, soit depuis le mariage. C'est ce qui arrive aussi, quand l'héritage de la femme a été détérioré par la faute du mari, comme si le feu y a pris par sa négligence, s'il a manqué de faire les réparations viagéres, &c. Dans tous ces cas, & autres semblables, le mari doit indemniser sa femme de la perte qu'il lui a causée. C'est un principe certain que le mari qui a la jouissance de la dot, est responsable de ses fautes (c) & de sa négligence dans l'administration des biens de sa femme.

De droit commun la femme a hipotéque pour le remploi de ses propres aliénés, sur les immeubles de son mari, du jour du contrat de mariage; & s'il n'y en avoit point, (d) elle ne laisseroit pas d'avoir une hipoteque tacite, du jour de la bénédiction nuptiale. Quelques Coûtumes (e) ne donnent cette hipotéque que du jour de l'aliénation des propres: ce qui doit se décider par la Loi du lieu où les immeubles sujets à l'hipotéque sont situés; parce qu'une autre Coûtume ne peut pas imposer directement ni indirectement des charges sur des biens qui ne sont pas soûmis à son empire.

Le remploi ayant pour objet le prix des propres aliénés qui est entré dans la Communauté, il s'ensuit que l'action qui en naît ne peut être que mobiliaire (f); puisque ce prix ne consiste qu'en deniers. Ce sont par conséquent les héritiers aux meubles & acquêts qui doivent y succéder, à moins que le conjoint à qui cette action apartenoit ne fût mort mineur.

Lorsque le remploi est dû à la femme & qu'elle renonce à la Communauté, il n'est pas douteux que tous les héritiers du mari contribuent à cette charge, comme à toutes les autres dettes de la succession. Mais quand la femme accepte, comme le remploi est à prendre par delibation sur les effets de la Communauté, il y a des Auteurs qui prétendent que les heritiers aux propres n'en sont pas tenus. Cependant comme la moitie du remploi qui est due

(a) *Leb. dist.* 3. *n.* 47. (b) *Leb. ib. dist.* 2. *n.* 41. *& suiv.*
(c) *L.* 7. §. 6. *l.* 18. §. 1. *ff. sol. mat.* (d) *Voy. Leb. n.* 55 *&* 59. *ib. sect.* 2. *dist.* 6. *n.* 3 *&* 4. (e) *Bretagne*, 439. *Normandie*, 539 *&* 542.
(f) *Leb. sect.* 1. *dist.* 2. *n.* 87 *&* 94. *Louet*, *lett. R ch.* 30. *Bouguier*, *lett. R n.* 1.

par la succession du mari, (car la femme en acceptant confond sur elle l'autre moitié) est véritablement une dette (*a*) personnelle de sa succession, le sentiment de ceux qui soûtiennent que tous les héritiers doivent contribuer au payement du remploi, nous paroît le plus regulier.

On peut faire la même question pour le remploi des propres aliénés du mari, pour les reprises, le préciput & les récompenses qui peuvent être dûes à l'un ou à l'autre des conjoins.

SECTION III.

Des récompenses.

IL y a un principe qui sert de fondement à toute cette matiére; c'est que chacun des conjoins ne peut pas avantager la Communauté à ses dépens, ni s'avantager aux dépens de la Commnnauté. La premiére partie du principe donne lieu au remploi des propres aliénés dont nous avons parlé dans la Section précédente; la seconde donne ouverture aux récompenses que nous alons expliquer.

Il y a deux conditions nécessaires, pour qu'il y ait lieu à la récompense. Premiérement, il faut que l'un des conjoins ressente quelque avantage; secondement, que ce soit aux dépens de la Communauté qu'il ressente cet avantage. La Communauté en cela est semblable à toutes les autres sociétés. Elle demande une si grande égalité entre le mari & la femme, que celui d'entre eux qui applique des fonds communs à son profit, doit en indemniser l'autre conjoint.

Ainsi lorsque les deniers de la Communauté ont été employés à faire des augmentations, des bâtimens, ou de grosses réparations sur les héritages propres à l'un des conjoins, celui à qui l'héritage est propre, en doit récompense à l'autre. Il en est de même de toutes les dettes propres du mari ou de la femme, qui ont été acquittées des deniers de la Communauté.

Si c'est une rente que l'un ou l'autre des conjoins devoit auparavant le mariage, ou qui étoit due par une succession échue à l'un d'eux pendant le mariage, & que cette rente ait été rachetée des deniers de la Communauté, on regarde ce rachât (*b*) comme une acquisition de la Communauté. C'est pourquoi le conjoint qui devoit seul la rente, n'est point obligé après la dis-

(a) *Lebrun, n. 98. except. 3. & 4. Ren. de la Com. 2. part. ch. 3. n. 48.*
(b) *Paris, 244 & 245.*

solution du mariage de rembourser la moitié du prix du rachât. Il est seulement tenu de continuer la moitié de la rente à l'autre, & de lui en payer, ou à ses heritiers les arrerages, jusqu'au rachât qu'il fera à sa volonté. Par la même raison cette rente doit être continuée, suivant le denier (*a*) de l'ancienne constitution, & le conjoint à qui elle est due, doit avoir les mêmes hipotéques que le créancier qui a été remboursé, sans qu'il soit besoin d'une subrogation expresse; car l'article de la Coûtume le subroge de plein droit; puisqu'elle suppose que c'est la même rente que la Communauté est censée avoir acquise.

On juge facilement que les arrerages de la rente ne peuvent courrir que du jour de la dissolution du mariage. La Communauté ne doit-elle pas en effet tous ceux qui sont échus auparavant? s'il y avoit une clause de séparation de dettes dans le contrat de mariage, il est évident que le conjoint débiteur de la rente ne pouroit pas se dispenser de payer la moitié des arrerages échus avant le mariage, qui auroient été acquittés des deniers de la Communauté.

Nous avons dit qu'il faut pour donner ouverture à la récompense, que le conjoint profite & qu'il en coûte à la Communauté; d'où il suit que la récompense n'est pas toujours de tout l'avantage que le conjoint retire; 2°. qu'elle n'est pas aussi toujours de tout ce qu'il en coûte à la Communauté.

On peut conclure de la premiére vérité, que la récompense ne sçauroit jamais être que des deniers (*b*) qui ont été tirés de la Communauté, quoique le conjoint profite d'une somme plus considerable. Ainsi lorsque l'on a fait des augmentations sur les heritages propres à l'un des conjoins qui ont coûté 3000. liv... & que ces héritages en sont devenus plus précieux de 4000. liv... il n'est dû récompense que de 3000. liv.

2°. Lorsque les dettes propres du mari ou de la femme ont été libéralement acquittées par un tiers, ou que le créancier lui-même les a remises, il n'en est dû aucune récompense.

La seconde vérité nous aprend que la récompense n'est que du prix dont le conjoint a profité, quoiqu'il en coûte d'avantage à la Communauté. Ainsi quand on a tiré des fonds de la Communauté, 6000. liv... pour faire un bâtiment sur un héritage propre qui n'en est devenu plus précieux que de 5000. liv... celui à qui l'héritage est propre, ne doit indemniser l'autre que des 5000. liv. dont il a profité. Par la même raison, il n'est dû aucune récompense pour les impenses (*c*) qui ne sont ni utiles ni nécessaires, & qui ne sont faites que pour le plaisir, comme des allées, des jets d'eau, des peintures, des sculp-

(a) *Ricard, sur Paris, ib. Lebrun, liv. 3. ch. 2. sect. 1. dist. 5. n. 4. & 16.*
(b) *V. Lebrun, ibid. dist. 7. n. 15.*
(c) *L. 7 & l. 9. ff. de impens. in res dot. fact.*

tures,

tures & autres choses de cette nature (*a*) qui n'augmentent pas le fond de l'héritage sur lequel elles sont faites. Car les récompenses n'ont été introduites que pour empêcher que les conjoins ne se fassent des avantages aux dépens de la Communauté ; & on ne peut pas dire qu'ils soient avantagés dans ces circonstances où ils ne profitent de rien.

Il ne faut pas néanmoins conclure de la regle précédente qu'il n'est dû aucune récompense pour les impenses nécessaires (*b*) faites sur les propres de l'un des conjoins, lorsque la chose est venue à périr par une incendie, ou par d'autres cas fortuits. Car cette impense ayant une cause nécessaire, le conjoint lui-même n'auroit pu éviter de la faire à ses propres frais.

Il est aisé de voir que les récompenses dont nous venons de parler sont dues à la Communauté. De ce principe naissent plusieurs conséquences.

1°. Lorsqu'un conjoint doit prélever sur la Communauté ses reprises, son préciput, & le remploi de ses propres aliénés, les récompenses qu'il doit à la Communauté diminuent de plein droit ce que la Communauté lui devoit pour ses deniers stipulés propres, &c.

2°. Si le conjoint n'a aucune reprise à exercer contre la Communauté qu'il accepte, il confond sur lui la moitié de la récompense qu'il doit à la Communauté, puisqu'au moyen de l'acceptation il a la moitié dans les effets de la Communauté ; c'est pour cela que les récompenses, dont nous parlons, sont appellées récompenses demi-denier.

3°. Pour profiter de la récompense qui est due par le mari, il faut que la femme, ou ses héritiers acceptent la Communauté.

4°. Il n'est dû aucune récompense à la femme qui pour tout droit de Communauté, s'est contentée d'une certaine somme qu'elle a acceptée par son contrat de mariage.

5°. Si c'est la femme qui doit la récompense, & qu'elle renonce à la Communauté, elle en doit le total au mari ou à ses héritiers ; car la femme qui renonce étant censée n'avoir jamais rien eu dans la Communauté, pourquoi ne devroit-elle pas le total de la récompense, puisqu'elle a profité du total ?

(a) *Voyez Lebrun, dist.* 7. *n.* 3 & 6.
(b) *Lebrun, ibid. n.* 12 13 & 18.

SECTION IV.

Du partage des biens & des dettes de la Communauté.

TOus les biens de la Communauté se partagent également & par moitié (*a*) entre les deux conjoins, ou l'un d'eux & les héritiers de l'autre, à moins qu'il n'y ait une convention contraire dans le contrat de mariage; car s'il est permis de stipuler qu'il n'y aura point de Communauté entre l'homme & la femme; à plus forte raison peut-on convenir que la femme, ou ses héritiers n'auront que le tiers, le quart, ou une autre portion dans les effets de la Communauté ?

De-là il suit 1.° que l'effet ordinaire du partage est que celui qui étoit depuis la dissolution du mariage, seigneur de la moitié indivise des biens de la Communauté, n'a plus après le partage, que la propriété des effets échus dans son lot, & qu'il cesse d'avoir aucun droit sur les effets de l'autre lot.

2°. Afin de conserver l'égalité que demande le partage, les conjoins, ou leurs héritiers doivent avoir les uns contre les autres une action de garantie, lorsqu'ils viennent à être évincés des effets contenus dans leur lot, en vertu de quelques charges qui existoient dans le tems du partage. Cette garantie est encore plus étendue à l'égard des rentes: les copartageans doivent se faire raison de l'insolvabilité future des débiteurs de ces rentes, ainsi que cela s'observe dans le partage des successions.

Il faut observer que le partage des effets de la Communauté se fait aussi quelquefois avec ceux qui sont aux droits des conjoins ou de leurs héritiers, soit à titre de donation & legs, soit à titre onéreux de vente, &c. Cependant si celui qui est aux droits des uns ou des autres, est un étranger qui a acheté une part dans la Communauté, quelques Auteurs pensent qu'on a la liberté de le rembourser (*b*) du prix qu'il lui en a coûté, afin de l'empêcher d'entrer dans le secret des familles dont il pouroit troubler le repos.

Quand les parties veulent se faire restituer contre le partage de la Communauté, il faut qu'elles obtiennent des lettres de rescision contre ce partage, & qu'elles le fassent déclarer nul. C'est ce qu'elles peuvent faire par

(a) *Paris* 239. *Orl.* 187.
(b) *Voy. Lebrun, de la Com. liv.* 3. *ch.* 2. *sect.* 6. *dist.* 1. *n.* 18.

tous les moyens ordinaires, dont on se sert pour annuler ses engagemens, comme l'erreur, la violence, le dol & la lézion du tiers au quart qui est une cause légitime de restitution dans le partage des successions. Il n'en est pas de même, lorsqu'un conjoint a vendu à un étranger la part qu'il avoit dans la Communauté au-dessous de la moitié de sa juste valeur. Il ne peut pas faire déclarer la vente nulle, de même qu'on ne sçauroit en pareil cas, se faire restituer contre la vente d'une portion héréditaire. On sçait que de pareilles choses n'ont pas, pour ainsi dire, de prix certain, à cause des dettes que l'acheteur est obligé de payer, & de l'incertitude de l'évenement.

Comme il n'y a de biens que ce qui reste, lorsque toutes les charges sont acquittées, les conjoins ou leurs héritiers qui partagent les effets de la Communauté, doivent en payer les dettes.

Les dettes de la Communauté peuvent être envisagées sous deux différens points de vue; par-raport aux deux conjoins, & par-raport aux créanciers à qui elles sont dues.

A l'égard des conjoins, il suffit de remarquer que les dettes de la Communauté (*a*) se divisent entre eux; d'où il suit qu'ils doivent se faire raison l'un à l'autre de toutes celles qu'ils sont obligés de payer au-delà de ce qu'ils en sont tenus pour leur part dans la Communauté.

Mais à l'égard des créanciers, il faut distinguer trois différentes espéces de dettes de la Communauté.

1°. Si ce sont des dettes mobiliaires dues par le mari & la femme avant le mariage, ou par une succession échue à l'un d'eux pendant le cours de la Communauté, les créanciers ne peuvent en demander que la moitié (*b*) à celui qui n'en est tenu qu'à cause de la Communauté, dans laquelle ces sortes de dettes sont entrées. Cela n'empêche pas à la vérité qu'ils ne se fassent payer de tout ce qui leur est dû par le conjoint lui-même qui en est originairement debiteur.

2°. Les créanciers peuvent poursuivre le mari, pour le total des dettes qu'il a contractées seul pendant le mariage. Le Brun décide qu'il en seroit de même, quand la femme se seroit obligée (*c*) personnellement avec son mari. La raison qu'il en aporte, est que dans ce cas-là même les parties n'ont suivi que la foi du mari qui étoit le maître de tous les effets de la Communauté.

3°. On peut s'adresser à la femme seule, pour le payement de toutes les dettes qu'elle a contractées solidairement (*d*) avec son mari. Mais elle ne peut jamais être poursuivie que pour la moitié des autres dettes contractées par le mari pendant le cours de la Communauté, à moins que ce ne soit

(a) *Paris*, 221. *Orl.* 187. & 189.
(b) *Ren. de la Com.* 2. *part. ch.* 6. *n.* 6. *Voy. les nouv. not. sur Orl.* 187. *n.* 1.
(c) *Leb. liv.* 2. *ch.* 3. *sect.* 1. *n.* 3. 17 & 19.
(d) *Voy. Dumoulin, sur l'art.* 245. *de la Coût. de Bourbonnois.*

hipotéquairement (*a*) pour les conquêts qu'elle possede. On ne peut même lui demander cette moitié, lorsqu'elle n'a pas parlé dans l'obligation, (*b*) que jusqu'à concurrence de ce qu'elle profite de la Communauté. La Loi lui accorde ce juste privilége, afin d'empêcher qu'un mari ne charge les propres de sa femme (*c*) sans son consentement.

Nous remarquerons que ce privilége doit avoir lieu, même pour ce qui est dû à la femme par la Communauté pour ses reprises, le remploi de ses propres, &c. Pourquoi seroit-elle en effet tenue plû-tôt en vers elle-même, au-delà de ce qu'elle amende, qu'envers les autres créanciers de la Communauté ?

Mais pour que la femme puisse jouir de la faveur de la Loi, il faut qu'elle ait pris la précaution (*d*) de faire un inventaire. La Coûtume le demande expressément, de crainte qu'on ne fraude les droits de tous ceux qui ont interêt de connoître les forces de la Communauté. C'est pourquoi, lorsque la femme n'a pas fait d'inventaire après la mort de son mari, elle est obligée indéfiniment au payement de la moitié des dettes. Il en est de même, quand la femme recéle frauduleusement des effets de la Communauté.

(a) *Ren. loco cit. n.* 7. (b) *Paris*, 221 & 228. *Orl.* 187.
(c) *Dumoulin*, *sur Poitou* 252. (d) *Paris*, & *Orleans ib.*

www.ingramcontent.com/pod-product-compliance
Ingram Content Group UK Ltd.
Pitfield, Milton Keynes, MK11 3LW, UK
UKHW022002260726
13994UKWH00004B/1911

9 782329 475455